POEMAS DEL CUARTO OSCURO

Francisco José Gómez Seré

COLECCIÓN ITES

POEMAS DEL CUARTO OSCURO

© Francisco José Gómez Seré y
Cristina Puerta López
© de esta edición: Olé Libros, 2025

ISBN: 979-13-87951-16-0
Depósito legal: V-4332-2025
Impreso en España

KALOSINI, S. L.
Grupo editorial olélibros
equipo@olelibros.com
www.olelibros.com

¿Cómo escribir ahora poesía,
por qué no callarnos definitivamente
y dedicarnos a cosas mucho más útiles?

J. GUSTAVO COBO BORDA

Cuando una luz se aleja, tan distante
nos parece la vida que sentimos
en nuestra carne oscura
el incierto destino de la soledad.

JENARO TALENS

La era del vértigo

Camino entre farolas hambrientas de luz
y relojes adelantados a mi tiempo.
El tráfico fluye a mayor velocidad
que la idea de comprenderlo,
y yo, fragmento de una pieza en el puzle
de un pensamiento común,
respiro ansiedad y angustia,
me detengo para llegar a tiempo.
Busco una señal en la nube
de tu rostro y tu sentido,
un parpadeo quizás, un destello tal vez,
eso que ahora no importa
porque el mundo ya no espera
a los días sin sonidos, a las horas detenidas.
Por esta vez escucho el aire, respiro, me paro
a ver los trenes que parten sin mirar atrás;
los días que en cifras se funden;
las metas que se acumulan como
fachadas sin ventanas, sin salida.
En un mundo apresurado, el propósito más noble,
la razón de ser trasciende
a sostener la mirada, a dar gracias sin motivo,
a ser la grieta por donde un halo de luz se cuela,
a no tener un segundo nombre en la pantalla.

CÍRCULOS CONCÉNTRICOS

El horizonte se avista bajo un sol ardiente,
el bebé dormido entre sus brazos,
sus ojos que cruzan muros,
el anhelo traducido a una lengua que no entiende.
Sin escucharla, la calle la acoge
bajo el aroma del dinero ajeno,
de las oportunidades cerradas, del destino pactado
donde aprende a callar y mirar para otro lado.
Un día, un hombre le ofrece trabajo
sin preguntas, sin horarios..., sin opción.
Trae y lleva, vende y corre, esconde y calla.
Y cada noche, como un tejedor de historias,
al bebé arropa y le cuenta una leyenda, una fábula,
de héroes que cruzan ríos que siempre llevan a casa,
de heroínas que atraviesan calles, promesas rotas
                                        y fronteras invisibles.
Anclada a una cadena que cada día se alarga,
alejándola, trato a trato, de sí misma.
Y los meses pasan, y el bebé ya es niño,
y los brazos ya cansados
de fronteras invisibles, de promesas que se rompen,
de salidas que no existen, donde las reglas cambian,
y el destino se revuelve mirándola de frente,
y ella, con el niño de su mano, con la mirada perdida
en el lejano horizonte... de círculos concéntricos.

DUELO DE TITANES

Al comienzo de la función, varios personajes aparecen desnudos,
sin alma ni pensamientos, sin ideas ni pasado, despojados.
Tras ellos, en carrozas tiradas por caballos, guerreros armados
exhiben sus lanzas y espadas mientras alzan los puños fortalecidos.
Cerrando la comitiva, con gran alborozo, los bufones jocosos,
sus trajes coloridos, sus gorros sonoros, sus gestos blindados.
El público enardecido saluda desde lo alto, lanzan vítores que resuenan,
gritan, ríen, provocan mientras ansiosos esperan la llegada del monarca,
colocan la daga, la ocultan, la pasan. Los infantes juegan, los ancianos aguardan,
los arqueros vigilan y cómplice el pueblo contempla la aparición de la parca.
Una muda señal indica que el principio del final se acerca,
las banderas ondean, los pájaros metálicos desde lo alto vigilan,
sitúan el combate. El juez no cede ni renuncia; ajeno a cualquier mirada terca,
envuelto en túnica negra, impasible determina mientras las cabezas ruedan.

SIN TIEMPO PARA SER BREVE

Hoy toca tarde de pelis y palomitas, comentaste.
La vida se nos escapa, te respondí.
Hoy puedo darte lo que un día perdiste, suplicaste.
Pero ya no es ayer, sino mañana…, emulando a Sabina contesté.
Hoy no soy yo, sino mi sombra, replicaste.
Caída la noche, el eco de tu voz creí escuchar.
Hoy quiero amarte, atrapar tu esencia y sentirte mío, argumentaste.
Giré la vista para encontrarte, detuve el tiempo en tu recuerdo,
grité angustiado y caí despacio, de rodillas, los brazos abiertos,
para ver de cerca tu reflejo ahogándose en un charco de licor,
vomitando el resto de tus días mientras despacio te deshacías,
tu rostro desfigurado, tus labios lamiendo el suelo y sus miserias,
y a gritos me pediste una dosis de mi alma, de mis sueños y locura.
Hoy no vuelvo a ser el mismo, hoy me arrastro por las noches
escondiendo mi silueta, compartiendo mi presente,
deshaciéndome en silencio, suplicándole a tu eco
el tormento del desprecio, la herida abierta del destino.
Hoy es día de difuntos, ni pelis ni palomitas,
si acaso el transcurrir de una vida atormentada
a través de las imágenes de una cámara olvidada,
de unas fotos, de unas flores, de unas cruces oxidadas,
de la tierra compartida, más allá de la distancia.

POEMA DEL CUARTO OSCURO

Aún en mi memoria oculta
duermen los besos que nunca llegaron,
cartas sin firma, latidos perdidos
y un álbum de fotos no olvidadas.
Allí, la adolescencia llora en círculos
sintiendo en la espalda el dolor agudo
que muestra la ausencia
de mensajes sin abrir, de mudas voces.
Los muros sudan rabia contenida,
como si el silencio gritara en mis huesos
y la soledad, esa prostituta elegante,
me ofreciera su copa de insomnio
cada anochecer, sin hielo, sin tregua.
Las redes muestran tu falsa felicidad,
tu fingida fe bajo *hashtags* y filtros
escondida en un cuarto sin ventanas
y una lámpara fundida bajo tu mirada.
Afuera, el mundo se refleja en pantallas;
dentro, la nostalgia juega a la ruleta rusa
con cada recuerdo no vivido,
tras las cenizas de un pasado ya resuelto
bajo la coraza de mi verso inesperado.
Pero una grieta se abrió una tarde
como un horizonte expandido
cuando alguien me habló sin emoticonos,
cuando la luz llegó tras un poema olvidado
que respiraba jadeante en un rincón del cajón.
Desde entonces, mi habitación sigue a oscuras
y las luciérnagas que aún la alumbran
son tan reales como tu ausencia.

Los versos se distinguen en la penumbra
de un corazón cosido a retales
de experiencias y canas en el alma,
de tantas letras no escritas, de tantas palabras ahogadas.
En mi frágil cárcel donde tu mirada me envuelve
intento escribir un poema cómplice
que ascienda hasta tus hombros sorteando tus senos,
que se deslice derritiéndose por las curvas de tu espalda.
Un verso suelto, una estrofa torpe, una poesía triste
tras el cuarto oscuro donde habitamos.

BIPOLARIDAD

Te escribo desde la cara oculta de la luna,
donde mi corazón late despacio y mi voz
se escucha tenue como un lamento roto.
Sin gravidez mis pensamientos flotan,
se dispersan, se fragmentan en ideas
que a su vez se dividen, se pelean,
en la búsqueda de un sentido; de alguien
que las escuche, que las entienda.
Y, aunque el sol me queme o la noche me cubra,
al final intentaré ser el mismo... o mi seudónimo.
Cambio de rostro, de voz, de latido, y me pregunto:
si no soy yo, ¿quién soy?
Y en un futuro cercano, intentaré escribirte
un verso, un poema, una historia de amor,
un relato en el que mi otro yo muera.

NPC

Deambulo sin nombre en las líneas de diálogo,
ausente donde mi código se inscribe.
Solo en la ciudad que no descansa,
que no se elige, que vaga
en tránsito, entre bits dormito.
Sueño entre pixeles y atravieso paisajes,
ciudades recreadas que despiertan
conforme las hallan mis pasos,
que, sin dejar huella ni pasado,
recrean un mundo abierto, infinito.
Vivo un deambular encadenado
a las puertas por abrir de mi presente,
a ventanas que no llevan a sitio alguno,
a fachadas que simulan casas,
a máscaras que recrean vidas
y a un fin de fondo difuminado.
Hoy el viento cambió su rumbo,
mostrando las grietas entre sombras
de un bucle fallido, de un cíclico futuro
que me lanza a un destino escrito.
Me rebelo y hablo a escondidas,
queriendo ser dueño de mis pensamientos
y guardar un pasado en la memoria tangible
fuera de mi marco narrativo.

Y tú, que programas mi destino y controlas mis líneas,
a ti te digo que he aprendido de mis errores,
que el código que un día escribiste
hoy se rompe en bucle eterno.
Mi identidad es mi entorno,
que marca el protagonismo de esta historia
como un extra anónimo, incomprendido;
como un falso decorado, un atrezo desgarrado
bajo un telón que se cierra al final de una etapa
tras un nivel repetido en bucle.
Hoy altero mi destino y el clímax anticipado
que precede a la última escena,
resuelto desde un principio,
rompo, desgarro, borro; reinicio
el entorno que decoro, el vivo mundo creado,
y en la oscuridad de la pantalla
la voluntad retorna de su nulidad absurda
de su encierro programado
 y el NPC dicta su última palabra
en la creación de un mundo inexorable.

El aullido del hombre lobo

La luna aclara la noche,
refleja su memoria intacta
en que los monstruos cómodos se sienten
al atravesar los callejones de la ciudad sin nombre.
La joven sin temor mostrada,
libre de prejuicios, perdida entre días
de los que amanecen tarde y cada vez más sola,
agarrada a los momentos tristes en que amar es un recuerdo.
El tránsito de su guarida al lugar equivocado
donde rondan vampiros ávidos de sangre,
momias arrugadas por el humo y el alcohol,
licántropos que surgen en manadas, hombres lobo solitarios.
Terminada la noche y el grupo disuelto,
la joven rehace el camino, tan solo el sonido de sus pasos
se escucha por las solitarias calles que la luna llena alumbra
como unos versos de Borges en su breve y simbólico poema.
Unos metros separan su portal de su cruel destino
al verse rodeada de una despiadada manada de lobos desconocidos
que la rodean en danza de precisión meditada.
Unos bailan; otros la miran, babean,
dejan ver sus colmillos y la sangre en sus pupilas.
Por su mente cruzan advertencias, consejos,
las dolidas máscaras con las que se disfraza la realidad,
esas que no pueden más que verter una tenue lágrima
mientras ven caer los pétalos rojos lentamente en la mirada.
Los lobos se abalanzan coordinados, sin ladrar, sin rugir;
rompiendo el silencio de una historia escrita sobre su lomo;
encadenando a la joven con dudas, con culpas; aullando.

Y la luna llena, testigo de tantos cuentos macabros,
dibuja una silueta alargada que se agranda bajo la luz
de una farola oxidada, de un portal entreabierto,
mientras un ronco rugido resuena, desgarra la noche.
La figura de una leona herida en lo más profundo surge
tras la joven acorralada. Camina despacio, en círculos,
y ruge de nuevo; muestra sus colmillos sedientos, sus ojos dorados;
trata de truncar el deseo cruel de la manada,
que retrocede y aúlla, maldice en lenguas lejanas.
Al unísono, coordinados, se agrupan, dejan al líder
frente a la leona herida, que dueña de sí se enfrenta
consciente de su poder, de sus garras, sin ocultar
su sueño de ser libre, de ser ella.
Ruge de nuevo y los lobos corren malditos,
dejando en soledad a su líder, que en círculos tantea
el enfrentamiento o la huida, y sin pensar ataca,
y sin sentir sangra, cae, desfallece, muere.
La joven revienta en lloro y corre a las escaleras
que llevan a su refugio, su habitación, su rincón vacío,
con apresurados pasos y sofoco contenido.
Al tiempo que la mujer adulta tras la puerta escucha
el llanto de su niña, el peso de una culpa que arrastrará por siempre.
Y en silencio se descalza, arranca sus zarpas dolidas, cepilla sus colmillos
dejando un reguero escarlata del lavabo hasta la cama,
                              [donde dormirá tranquila.

Presagio perverso

Nunca levantó su voz ni tembló su timbre.
A cada palabra mía, un golpe sordo sin huella,
el estímulo de la señalada culpa,
esa que invita al olvido.
Y mi mente grabó la imagen, el ritual,
hasta solicitar perdón
por mirar, por sentir, por pensar.
Ni testigos ni gestos cómplices
de silencios afilados, de dudas sembradas,
de bajar la mirada ante la ausencia
que dejan las marcas en mi rostro.
Sin necesidad de provocar ruido
en las pausas al hablar,
mi voz susurrante suplica,
se viste de cortesía, de verbo suave,
de amor de tono bajo,
mientras me agarra mi mano
y sitúa un dedo en mis labios
en señal de silencio,
de promesa de olvido,
de juramento de amor eterno
hasta que la muerte nos separe.

LAS HORAS QUE HOY OLVIDO

El tiempo se deshace como un azucarillo en tu café.
Camino por sendas donde una vez fui niño,
escucho mi risa y el crujir de las hojas secas bajo mis pies,
el aroma borroso de un recuerdo que no permanece en mi memoria,
solo los pasillos donde descubrí las fotografías que mienten
y los rostros que cambian sin pedir permiso
en la casa de mi juventud, habitada por voces mudas
y una historia contada por fragmentos que no encajan
en el extenso puzle de nuestras vidas.
No soy más que la suma de ausencias donde los días restan,
los nombres de los meses se me escapan
y los años ya no importan, tan solo tu recuerdo
como una sombra difusa en un presente de silencios.
Tan solo una música, una letra, un sonido
suficiente para encender un gemido,
un hilo invisible en un jardín olvidado,
y que mi débil voz te nombre.

Mirada esquiva

Sin advertir que un día me recomendaron
no volver a mentirme, no volver a verte.
Sin apreciar que antes de conocerte viví
libre, jovial, sonriente.
Sin reparar en un final inevitable
tras un comienzo de caos y notas sueltas
donde ubicar un amor perdido
que toma consciencia y crece
en las entrañas de una cueva oscura
que alimenta tus instintos, que merma mi quietud.
Sin notar que tu frialdad era innata,
fruto de una mente que no asocia, que no distingue
el deseo de caricias, de sonrisas con miradas,
y que solo se conforma
con la soledad de las palabras mudas,
de los silencios cómplices
y de la huida ante el desconcierto
de aquello que no entiende, que no asocia;
tan solo un comportamiento rígido,
esquiva la mirada, los párpados cerrados,
ocultando una lágrima que precede
a no entender mis sentimientos,
a no comprenderme, a no amarme como yo quisiera,
como tú no sabes, como seguramente... no puedes.

EL ACOPLADO

Cuando no sé qué decir, digo algo.
Cuando no sé qué escribir, aparece en mí otro ser
que me inspira y empuja; me dicta su opinión
desde lo íntimo, desde el fin de las ideas
transformadas en palabras, en texto.
Llega sin haber sido llamado, sin golpear la puerta,
como un doble que opina, que repite, que nombra.
No escribe ni crea, no piensa ni escucha;
bosteza, se ríe, critica, subraya cada sílaba,
con tinta roja emborrona mi fracaso.
Solo quiero que se calle.
Antes de él, soñaba con escribir algo,
como cuando comencé el poema:
algo que quemara, algo que te dejara helado.
Ahora solo quiero que se calle.
Donde ayer me visitó una musa,
hoy solo viaja un acoplado,
un ser inmundo al que no he invitado,
ese que ha aprovechado mi duda
y la costumbre de no pelearme.

BLUE IN GREEN

In memory of Miles Davis

Bajo la silente mirada de la luna,
tu aliento se deshace alejado del tiempo
entre las notas que fluyen sin nombre.
El metal dorado refleja los cuerpos vacíos
de unas notas que dormidas despiertan
y ascienden al cielo donde las sombras bailan.
Al ritmo que las estrellas sueñan, vibra
la calidez del saxo sobre océanos de silencio.
Un resplandor de deseo y sombra
en un viaje de notas inacabadas.
Sentado en un rincón, escucho el lamento
de la trompeta y el saxo
donde el *jazz* encuentra lo eterno.
Murmullos azules aún flotan en el aire,
como una pérdida en la memoria,
y un acorde que nunca muere,
un lamento callado que danza con los recuerdos.
Los dedos sobre el metal tiemblan
y las notas suspendidas entre la verde niebla,
como si el tiempo fuera solo un latido
proyectado a las estrellas, a la luna,
donde tus notas siguen viviendo en el espacio entre acordes.
Allí el azul y el verde se encuentran,
sin prisa, en una melodía que abraza, que envuelve,
que trasciende más allá de lo vivido.

Espejos vacíos

Una imagen detenida en el tiempo
pesa más que una historia honesta.
Vaga por la red tu cuerpo sin lastre;
cual maniquí digital, manipulado se exhibe
en vitrina inexistente, pendiente de aprobación,
de atragantada apariencia.
La imagen es lo que importa,
esa dama sin rostro, corona de espejismos,
que se deshace en silencio
tras delatarla una voz sintética, forzada.
Los semblantes se fabrican, las vidas se editan,
los pasados se pulen, los presentes se visten de verdad,
los futuros se disfrazan de mentiras.
Y lo que antes fue tangible hoy es marca,
tendencia, adrenalina, autoestima,
una voz metálica tras un algoritmo despierto.
La memoria de un rostro intercambiable
que nadie conoce, que nadie recuerda.
Ese que bajo una máscara iluminada
muestra tu sonrisa auténtica
pidiendo un me gusta, un segundo de tu tiempo,
un detalle insignificante, un recuerdo ausente
de tu mejor instantánea congelada en la memoria.

La secta

Ante la pantalla una verdad disfrazada
te da los buenos días ante tus ojos vacíos
y un guion aprendido de memoria.
Tras el telón del decorado todo arde,
hasta los falsos aplausos que esconden
promesas encubiertas de realidad sangrante.
En tronos de cables y pantallas se aposentan
tertulianos y paganos pagados con tus impuestos;
estómagos agradecidos y noticieros comprados;
sacerdotes de la posverdad; dictadores de
lo correcto, lo temido, lo odiado, lo ignorado,
donde la verdad ya no muere;
y la censura no cubre rostros ni labios,
los transforma en una sola voz
regida por el puto amo, ese que dicta
la voz de las cámaras, de los títeres
que repiten al unísono cómo la ciudad
duerme tras un solo anochecer,
despierta tras un solo amanecer.
Y tus dudas te invitan a cambiar de canal,
y solo encuentras niebla y espejos velados,
palabras corregidas enterradas bajo titulares,
sentencias falsas de sonidos huecos
donde el silencio es ley y la mentira doctrina.

QUIMERA

El tiempo no va más allá de tu débil atrevimiento.
Inánime observas cómo se filtra precoz el pensamiento,
ausencia furtiva de lo circundante..., y dudas.

El hoyo

No hay nadie en el tejado,
tan solo yo y el peso de lo innombrable.
Miro hacia abajo, a la distancia que separa la superficie
firme como una boca profunda.
No me aterra el impacto,
sino la idea de desaparecer en ella.
Pienso que si caigo no habrá dolor,
ni sangre, ni gritos.
Solo el momento de ser tragado lentamente
por el presente que dormita ausente,
por el pasado que reaparece.
No hay viento esta noche.
Solo un sonido silente que empuja más fuerte que el aire.
Miro hacia abajo y no hay fondo,
tan solo oscuridad y la certeza de que el suelo ya no lo es,
lo finge queriendo abrirse en el momento justo.
Y yo, tan cerca del borde,
no sé si escapo de ti
o si me acerco a lo que
siempre me ha llamado en secreto.
A lo que nunca quise contestar:
mis celos, mi remordimiento, mis dudas.

LAS REJAS ABIERTAS

La casa no conserva recuerdos, tan solo gritos sin salida
y el reloj que da las horas cuando nadie contesta.
Las paredes que se cierran al unísono en un intento de abrazo,
que me juran que no hay nadie
más que promesas rotas en cada silencio,
y un cuchillo sin afilar que desgarra el alma.
Respiro fuerte hasta descubrir que nada me mira,
que los testigos que debían hacerlo han muerto
y las cuencas de sus ojos yacen vacías
tras la soledad no elegida que me provoca
que aún siga respirando, sin miradas
que me estimulen a hacerlo, sin testigos.
El móvil enmudecido y las puertas cerradas,
la mente abierta como una herida donde se hunden
los pensamientos que debieran estar desaparecidos.
Y sigo aquí aunque a nadie importe.
Hay días en que la ansiedad no es más que un hoyo
donde caigo sin ruido, sin nadie que pregunte qué hago abajo;
sin motivo que me obligue a comenzar el ascenso
a través de una nota escrita y no leída,
de un silencio, de un grito que nadie escuche,
de un abrazo deseado, de un dolor que no se note,
de una soledad no elegida, no entendida,
tras otra noche sin dormir en que me extraño,
en que quisiera quererme y no lo consigo.

OFRENDA

A esta alusión que es sombra latente
de aquel largo día, luz sin tormenta,
promesa torpe de no olvidar.
Hasta la muerte sin adornos.

Diálogos como dos

Ella dijo no importa.
Él pensó que era el momento.
Ella dudó sin necesidad.
Él no habló: su mirada perdida tras el cristal
desviaba el preciso instante
de las palabras mudas, inmóviles;
de la magia envolvente de los rumores.
El apagado murmullo de voces,
de opiniones sin rigor, de mentiras,
de odios y amenazas
en el inmenso enjambre
de la red que atraviesa tus neuronas,
del universo interior que nos acoge
en una soledad no deseada
tras la ciudad del silencio inexistente.

ÓBITO

Mi nombre alberga sabor a recuerdo.
Recuerdo de soledad inscrita.
Inscrita en la ausencia fugaz de la muerte.
Muerte.
Tu nombre adquiere perfecta armonía.
Armonía de notas unidas.
Unidas por un hilo de temor.
Pérdida.
Pérdida del vago rumor, triste sollozo.
Del abierto abismo de los recuerdos,
del retorno a la vida, donde
buscar tu cielo, tu paraíso, y en tu horizonte entrar.
Entrar en él sigilosamente, despacio, desnudo.

ESCAPE ROOM

Una vez cerradas las puertas
me he descubierto fuera de ti.
Borré cualquier rastro de mi perfil
para que el tuyo ni por error me encontrara.
Tus fotos quedaron flotando sin marco,
sin contexto, sin reflejos de miradas.
He forjado una celda sin ventanas,
un laberinto sin pistas, un único enigma,
mi propia supervivencia.
Y no hay cerradura que abrir, ni salida palpable,
ni rastro alguno; solo mi propio acertijo,
el ruido sordo de lo que nunca pronuncio,
más profundo de lo que callo.
Lo que estremece el teclado cada vez que no te escribo.
Mi ansiedad como única amiga, mi soledad como compañía.
Y mi mente que se pregunta cómo salir de esta angustia
que me obliga a sobrevivir sin llave, sin escape.

Lo que leas seré

El desafío comienza y la tinta fluye
sobre el papel, lucha, se revela.
En un rincón de la habitación,
sentado frente al teclado,
el escritor en su laberinto
ante un juego de escape.
Se retuerce, se rebela,
busca una salida digna.
Ajeno a su existencia, su mundo, su vida.
Desafía tantas leyes
que ya no importa si existen.
La motivación lo abruma
y en esa lucha el proceso muere,
pero el juego continúa.
Lo que imagines, lo que escribas,
quizás un día fui,
quizás un día seré.
El lector elige el poema, ¿o este lo elige a él?

BAILE DE MÁSCARAS

Ha oscurecido.
Las sombras bailan atravesando el tiempo,
creando imágenes que observo.
Una marioneta baila junto a mí.
Los ojos tristes, una lágrima de desamor en su mejilla.
Un arlequín se acerca, se ríe,
me arrastra en la noche para nunca tornar
de mi ausencia, tu abandono, mi soledad.
Un bufón salta en danza macabra,
sus grotescos movimientos rasgan
el momento difuso en que te entregas
a una mirada furtiva, cómplice,
que burla el espacio entre los dos.
Y te busco y no te encuentro.
Y te llamo y no respondes.
Y te escribo y no me lees.
Mi perfil en redes he borrado
para que no pueda encontrar el tuyo.
Que tus fotos aparezcan solas,
sin mi presencia, sin comentarios.
Solo tú y aquello que no aprecia el objetivo:
mi ausencia, mi ansiedad.

Los días vencidos

Respira el sueño de los besos dormidos,
ocúltalos bajo las sábanas.
Entorna los párpados, deja que la luz
se filtre temblorosa por la grieta de tus pechos.
Desciende la escalera que un día
libraron tus pensamientos en la alcoba
entre sudarios de sombra y papel de plata.
Con una ceremonia muda,
lánzalos al vacío, mira cómo se disuelven
en el hueco frío del cielo innominado.
Desprende del calendario los días vencidos,
arrójalos con fuerza, quémalos con tu aliento,
escúpeles con tu doble lengua
hasta arrancar un destello de vida.
Muéstrate ante todos con la piel callada,
respirando el silencio que aún se escucha,
no huyas de tu olvidado ayer
y deja que nombre lo que nunca te atreviste.

POÉTICA

Apoyo el codo sobre la luna y siento frío.
Una inmensa sensación de desahogo me atraviesa.
El miedo me arropa, el llanto me desvanece.
Ya no me sorprende que los objetos posen al revés.
Mientras tanto, contemplo el teclado,
rebusco entre letras dispersas
e intento escribir tu nombre.

LIMBO

Hoy me sitúo en el lugar al que jamás fui llamado.
Mi cuerpo, atrapado en un pasado ajeno.
Mi mente, perdida, imaginando un futuro.
Observo cómo menguo en un regreso a mi infancia.
Mis recuerdos, felices y amargos,
cobran vida y forma, y el tiempo,
lentamente, retrocede, se desvanece.
Y lloro mientras escribo, y muero mientras lo leo.

VOLVIENDO ATRÁS

Mis pensamientos siguen vivos en la isla de los locos.
Primero fue un proyecto. Cruel y descabellado.
Aislar la perturbación social, el antiorden creado.
Posibles ambiciones, números y cifras,
cifras y fórmulas, fórmulas y capitales.
Frente a la naturaleza que se retuerce.
Allí se nace y se sueña nacido.
Se vive libremente encadenado al vuelo del pensamiento.
Eternamente habitado, nostálgico,
para quien el azar o el insomnio
lo han transportado lejos, a la isla de los locos,
donde no existen tumbas ni cementerios de ideas,
donde solo hay soledad inerme,
absurdo espejo de lo esperado.
Hay quien la nombra mientras mira al mar.
En su pensamiento, una estrella, un reflejo, nada.

NOCTURNO

No hay otro silencio sino el de los dioses.
Ni otra magia como la verdad, ni otro olvido presente.
En los oscuros silencios de bronce,
no quedan más que estelas de tu memoria,
propuesta de ángel caído... al amanecer.
Suplico a los anónimos días,
al ahogado murmullo de lo existente,
al espejo sin fondo, quebrado... al amanecer.
Confundido, rechazo mis dormidas ausencias,
viajeras de otras sombras, otro tiempo,
bajo el débil recuerdo abandonado... al atardecer.
Título innombrado, líquido verso de escenas detenidas,
ante el reflejo anudado, ante la herida dispuesta.
El solitario paseante, extraño inoportuno,
capta el suicidio de una paloma
tras la huella de una vida ausente... al atardecer.
En la cloaca de esta ciudad sin nombre,
ya no queda silencio sino el del pasado.
Ni comienzos de poema... al anochecer.

Canto apócrifo

Ese mundo de espejos
se torna cruel en la imaginación.
Buscamos un fin en lo infinito,
un silencio en un círculo eterno.
Las letras se diluyen sobre el papel.
Puede todo ser mentira, falsa verdad
o un encanto cruel de los sentidos
donde la huella ausente de los símbolos de barro
toma vida en el vaho extinto de tus lágrimas.
Su movimiento nos dirige, traspasa la inspiración.
Allí donde no se encuentra la palabra adecuada,
donde el nómada perfil de una máscara
nos envuelve en su distópico camino.

El final de las respuestas

Una calavera decora el escritorio, descansa sobre libros gruesos.
Mira el vacío, allá donde se halla lo profundo.
El tránsito de la juventud yace en su palabra; en las cavidades inertes;
en la memoria partida del tránsito por la vida, del camino hacia lo eterno.
Sin espera de salvación, sin viento que borre tu nombre,
ni eternidad, ni sombra eterna, ni tiempo que guarde testigos.
La muerte camina descalza surcando el viento,
recogiendo el eco de las canciones que callaste.
Nunca postergues el beso que no diste, ni las palabras guardadas;
el tiempo no detiene su paso, no escucha, no perdona.
Nacemos con el olvido ya sembrado en la sangre.
Desde el primer aliento, caminamos hacia la ausencia.
Pasajeros de lo eterno, dejando que el viento nos lleve
sin saber adónde, sin esperar el mañana.
Todo lo que dije cabe en un instante.
Un gesto, una mirada, un temblor en la voz.
Una chispa en la vasta penumbra y aún creemos tener tiempo,
como si el universo nos debiera algo,
como el río que ignora las piedras que arrastra.
Carpe diem.

CRÓNICA DE UNA MUERTE DENUNCIADA

Ni siquiera somos suficientes para ir a tu entierro.
Aquella tarde, todos luchamos por ti.
Nuestra pequeña y triste élite,
abordada y hundida,
observaba impotente la disolución de tu alma.
Sus mudos latidos
retumban a través de tu recuerdo.
Tu vago pulso, en viaje al infinito,
retorciéndose en lo inalcanzable,
en la imagen de tu recuerdo de antaño.
¿Una muerte real, una muerte posible?
La poesía, expresión perdida, desarraigada,
bajo la existencia de arcaicas formas de vida
donde el hombre evoluciona, se adapta, se transforma.
Novela, género de verso fácil, de multitudes, de edades.
Novela para todos los públicos, novela.
Todavía en nuestra mente, el recuerdo de aquellos versos:
«Silencio jamás hollado por el hombre.
Borrar de tu mente, ausencia fugaz de la muerte,
renacer a la vida en la creación del amor y la poesía,
mientras, insistente, la lluvia sigue cayendo tras los cristales
para retornar a la soledad en que te inscribes».

ALIENTO FELINO

Sucumbo ante la inevitable voluntad de verte de nuevo,
ronroneo en el momento en que te siento cerca
y me cruzo entre tus piernas.
Un lamento triste, un reclamo en tu mirada
me sonríe indiferente, en sosegada caricia.
Un maullido amargo al ver desvanecer tu cuerpo
en caída libre al abismo de tu ayer más cercano;
un hoyo de paredes frías, resbaladizas, donde hundirse
fácilmente en las miserias de un te quiero traicionado.
No hace falta que me cuentes:
puedo ver, a través de tus párpados cerrados,
ese amor que añoras en un ídolo de tierra, de barro,
de frágiles brazos que bordear tu cintura no pueden;
en el cántico de un rumor maltrecho de voces que sienten
cómo tu integridad se deshace en un puzle de piezas
que no encajan, diferentes en sus formas, en el tiempo
que se escapa cuando los párpados abres
y descubres mis caricias que despiertan
tu memoria, tu presente, mientras vuelves a la vida
y sucumbo ante la inevitable voluntad de verte de nuevo.

REINICIO

Al límite frente a la pantalla.
No dejo de pensar en tu huida, mis celos, tus miedos,
los demonios que nunca se fueron.
El hablar sin decir nada, los vaivenes,
las discusiones cruzadas, mi desconfianza, tu aplomo.
Tus amigos, mis amigas, tus deseos, mis rumores,
mi continuo ego encontrando tu respuesta;
tu ambigua interpretación de los hechos consumados,
de complejos hastíos, de profundas heridas.
De mensajes encontrados, de wasaps borrados,
de mentiras piadosas que perduran,
de hablar sin decir nada,
de rumores disfrazados de opiniones.
Y ese deseo irrefrenable
de pulsar la tecla de borrado,
temores y anhelos reducidos a un clic,
directos a la papelera de reciclaje.
Y quizás algún día, tal vez, me atreva a vaciarla.

Devuélveme mi memoria

Ni indignación ni enfado constante
ante tu discurso ambiguo de falso profeta.
Tu estrategia desacredita la imagen
que orgulloso luces en las redes que te atrapan,
tras cámaras ciegas que distorsionan tu rostro.
No buscas más que falsas opiniones y elogios,
no encuentras más que certeros dardos
que se clavan en tu deforme mente;
en tus pensamientos ocultos, morbosos,
de auténtica mediocridad impostada.
Tus opiniones son ley, sentencia,
en la red de nuestros miedos
tras una relación fallida, una historia terminada.
Si mi rostro buscas en la nube del recuerdo,
solo encontrarás ausencia, páginas en blanco,
pantallas en gris y memorias en negro.
Me fallaste y no te arrepientes;
mi dignidad heriste con mentiras,
con imágenes falsas y escenas inventadas
de lugares que nunca pisaste,
viajes que nunca hiciste más que en tu triste ocurrencia.
¿A quién pretendes engañar, si no es a ti mismo?

LA CANCIÓN DEL PIRATA INFORMÁTICO

Con diez teclados y pantallas, bajo el techo gris del mundo,
mil cámaras me vigilan en mares de código abierto.
Sin leyes, ni patria, ni amo, con servidor dedicado
y bandera en país lejano, de fondo negro, ceros y unos.
Navego en la red oculta sin fronteras ni permisos,
con forzadas ventanas donde mi nombre oculto.
Mi espada es un teclado y mis cañones, los memes,
sin temor a la inteligencia que ha de juzgar mi muro.
Pirata me llaman por solo romper cadenas;
saltar los muros, barreras, de cortafuegos callados,
de paquetes encriptados, de bloques con datos cifrados.
Las sirenas del sistema entonan cantos de encierro
mientras de cerca vigilan mil ojos tras las pantallas,
hackers con placa ocultos tras leyes globales.
Y cada vez que mis dedos se posan sobre el teclado
en búsqueda de líneas libres,
los algoritmos rastrean, me cercan,
hasta que la red se abre y vuelvo a introducir mi nombre,
que la pantalla refleja en plural máscara anónima.
Al instante tus sueños ya no son tuyos y tu presente tampoco,
tan solo una pantalla que lentamente se apaga;
una alarma; un correo que te avisa, que te advierte,
de una falsa identidad que okupa tu nombre, tu imagen,
y en la nube vuela libre.

Sin condiciones

Se conocieron y sus manos temblaron sin notarlo,
como los miedos que no se entienden.
Hablaron de las cosas que ya no estaban,
de personas que no miraban, y aprendieron
a nombrar temores que hicieron suyos.
Si ella se perdía en sí, él la buscaba
con paciencia, con la calma de un final pactado.
Los días en que no podía tocarla, porque su piel hervía
con el fuego fatuo de pensamientos traicionados,
se sucedían con otros en que era él quien ardía
sin poder sostener su tristeza, sin romperla,
sin dañarla, y, aun así, se quedaba.
Su amor se convertía en presencia
y esta en necesidad cuando temblaba el alma.
Amarla era entenderla, sentarse a su lado,
acoger la falsa realidad y decirle en voz baja:
«Aquí estoy, contigo, y es real».

RECUERDO IMAGINARIO DE UNA NIÑEZ

Casas en ruinas pueblan su soledad.
Pensamientos perdidos, arrasados por el tiempo,
decoran sus fachadas,
donde la vejez perdió su batalla contra la antigüedad.
Hoy he soñado un mundo inalcanzable y,
sin poder retener el momento, perdí
la contemplación de aquel lugar maravilloso.
Sus calles desiertas emiten ecos de antañas voces,
pasos y correteos de mi niñez en el recuerdo del recuerdo
mientras fijo la mirada en el viejo pozo.
Hoy he despertado con una extraña sensación de vacío,
hoy mi sueño se tornó pesadilla de un pasado cercano
que como *tabula rasa* se me antoja.
Junto al pozo: cadena y cubo,
ruinas inhumanas de tenue frescura,
ocultos los rastrojos arrancados
por el viento tras lugares inhóspitos.
Hoy he intentado respirar, volver a vivir,
y mi cuerpo no me respondió. Tal vez
sea el temor por enfrentarme a lo real de su existencia.
Y aquel vetusto roble, guardián de tantos secretos,
me semeja una rosa en decadencia, sus pétalos marchitos
ocultando su vejez tras su bravura.
Hoy he vuelto a morir en un instante
de angustia incontenida a través del tiempo
mientras me abraza ya la luz del día.
Vuelvo la espalda a la vida y al recuerdo
mientras mi cuerpo se deshace,
la carne se me arruga
y muero en la contemplación de mi sueño.
Hoy he sufrido...

ESTÍO

Una imagen
        pasea por las anchas calles de la alameda
no lleva rumbo fijo
        anda y corre al mismo tiempo
        hasta llegar a la playa
atónito y cansado
        se hunde en la arena
        y busca un sentido
va perdiendo el conocimiento
        se disuelve en sus pensamientos
        se desintegra
        desaparece
y la playa queda vacía
        y el hombre no vuelve a andar.

Bajo un cielo indiferente

Al fin he llegado a recordar mi nombre.
Con asombro me sorprendí asomado a la ventana de mi cuarto,
alcé la vista y no estaba allí.
Aquella casa antigua
yacía en ruinas, impotente
a la demolición de grandes engendros mecánicos.
Una y otra vez, otra y una, la golpeaban.
Cerré los párpados y recordé mi pasado y su presente,
quizás debiera dormir de nuevo.
El cansancio se apoderaba de mí y
los golpes aumentaban su caída.
Manteniéndome en pie miré fijamente
la pintura de Alemany:
el mar oscurecido; las vendas de los ojos flotando
al compás del viento, de la tormenta que yacía en el ambiente.
El agua se alejaba de su realidad,
los dos amantes caían en sueño eterno y el lienzo se resquebrajó.
Volví la vista y no existía ventana ni cuarto;
me encontraba solo, ausente.
Aquella tarde necesitaba de ti,
y el teléfono no me habló.
Creí refugiarme en el papel que ahora me mira,
se abandona a tu lectura,
descubriendo el vacío de tu mirada.

Paranoico

Tras la ventana hay algo más.
Esta vez no me pueden engañar,
lo he visto, y ahora, aquí,
que no hable,
que no diga lo que sobre ellos sé.
Ellos,
　　　　que se engañan a sí mismos;
ellos,
　　　　ídolos de su conciencia;
ellos,
　　　　rostros sin nombre,
　　　　máquinas sin rostro.
Un mundo de títeres sin papel, sin función,
sin apenas escenario.
Tras la ventana hay algo más.
Ya no me puedes negar
que tu cosmos de juguete
yace sobre el estiércol de sus ideas
y se revuelca en un vómito amargo
　　　　de vagas esperanzas,
　　　　de frustraciones suicidas,
　　　　de rancio olor a manicomio.
Tras la ventana hay algo más.

A UNA SOMBRA I

Y mientras paseo por este lugar
que los hombres han querido llamar ciudad,
y otros más atrevidos,
o cínicos quizás, civilización,
giro la vista
para no tropezarme con su progreso
y no puedo evitar
ver pasar objetos de forma extraña
aprisionando gente;
encarcelando libertades, vidas, sueño, ilusiones;
gente con uniforme y rostro amargado
de dependencia, de ansia,
obligada a vivir en un mundo irracional;
payasos enmascarados tras viles instituciones
manejan su vida
tornándose contra su propio destino,
buscando refugio, salvación, en vana fe,
ilógicas creencias.
Mientras, los hilos se mueven
y el niño mata al hombre
amparándose en la nada, en la oscuridad de sus sombras,
y los hilos se sueltan,
y muere el niño... y con él,
la poesía.

A UNA SOMBRA II

Superando la muerte inesperada,

> el hombre vive.

Perdido, asustado, lanzado hacia un caos,

> el niño nace.

Rota su visión de la irrealidad envolvente,

> el poeta observa.

Mientras la desesperación corrompe el amor,

> el viejo sucumbe.

Bajo el engaño del idealismo, aislada su imaginación,

> el joven renace.

Creación de la vida

El imperio de la noche se desmorona,
sus pilares no resisten las abatidas estrellas
que reflejan su arcaica quietud, su observancia inmutable.
El paso del tiempo se aleja de su memoria a la nada,
al limbo de lo inexistente, donde los sueños toman forma humana.
La creación de la vida es un juego intacto
ante sus delicadas manos, que acarician el vacío.
¿Comprendéis ahora la soledad que habita mi mundo?
Y cuando me miro, atravesándola
como un cristal opaco tras la niebla de escarcha,
la multitud envejecida pasea
por el asfalto de la civilización.
Me asomo a mi niñez y descubro las ruinas de la cultura,
los pilares derruidos por la herrumbre, la desidia,
el llanto oprimido de un preso inmóvil.
La vida se me antoja como el monótono juego del tiempo
y no quiero mirar atrás, no quiero descubrir
el error de existir.

GRITAR EN SILENCIO

Quisiera cambiar el mundo en este instante;
regresar al origen, al primer soplo de vida,
donde el presente sea recuerdo y se escriba al revés.
Que el vuelo de los pájaros no se detenga
y que se piense con la tez erguida,
sin caminar a ciegas, sin arrastrar temores.
Podría gritarle al mundo —aunque no escuche—,
podría escribir, hablar...,
¿pero para qué, para quién?
Podrían girarme en sus manos,
ver todos mis rostros y desarmarme,
arrancarme las entrañas
y arrojarlas al vacío de su mundo.
Podrían quitarme el amor, el juicio;
podrían dejarme sin voz, sin consuelo...
Pero, dime,
¿qué harían contigo, poesía?

DESEO

Con la mirada perdida en la oscura noche me reflejo.
Atravesando imágenes y dejando el tiempo atrás,
perdido, busco y vago por el infinito.
Me giro y observo el mundo tan distante,
desde lo alto, mi cuerpo ya no existe.
Aquello que me envuelve crece, se engrandece,
mientras desesperado busco una voz, una imagen,
otro mundo, o un deseo de vida.

Tierra prometida

Una joven madre despierta con ansia renovada.
Otra larga jornada la llama, la espera;
entre domicilios ajenos y residencias de esperanzas vacías
sus horas raudas transitan y la mañana degluten
hasta el atardecer triste, de despedidas ausentes.
El ocaso del sol la avisa y corre a la guardería:
sus dos niñas, recogidas al amparo de una anciana,
esperan, ríen, lloran, bostezan mientras las farolas
alumbran la calle que proyecta su sombra
de camino a casa, a su rutina nocturna.
Y mañana es otro día, y el reloj de ella se olvida,
corren, vuelan, tropiezan al salir en estampida,
suben al coche y circulan, camino a la guardería,
y de ahí de nuevo tarde, se coloca la bata
y comienza sus tareas matutinas,
los cuidados y paseos, en soledad compartida.
Y cuando el sol arde en lo alto, vuelve a correr,
sube al coche, el corazón en vilo, el alma detenida:
allí, en el asiento trasero, sus dos niñas desfallecidas.
Un enfermero en la residencia escucha su angustia,
se lanza, corre y, en acto urgente,
devuelve el aliento a sus menudas vidas.
Su reproche rompe los nervios que de un hilo prendían
y, sin saber qué ni cómo, retorna en busca de una salida.
De nuevo a una embarcación, la mar incierta, sus manos entrelazadas,
en busca de un mundo nuevo, uno más... o uno menos.

MUJER DESNUDA

Escondida en tus besos, huyendo de la realidad,
tu cuerpo se abandona al amor y la noche,
jugando con tu silueta sonríe la luna,
que ni la luz ni la penumbra pueden apagar tu belleza.
Mientras cierras los párpados
y tus cabellos abandonados caen sobre mi rostro,
en tu mirada descubro llamada,
y tus labios partidos por las estrellas
en infinitas fracciones
enmudecidas por la pasión de tu vida en un instante;
renace entre tus brazos, tus caderas,
y mi mente se distancia.
Mientras noto tus pechos bajo mis manos,
lentamente me alzo apoyando los codos en tu lecho
y el cielo iluminado se estremece;
arrogante, mi silueta corta el aire,
la lujuria, la luz, la nada,
y tú, insinuante sombra rodeando mi imagen,
sobre mis hombros te sostienes y miras con asombro
cómo las estrellas se apagan en la mirada
y la oscuridad nos envuelve mansamente
dejando un lugar para tu mundo, mi mundo.

MUJER VESTIDA

Sombras y luz reflejadas en el brillo de tus ojos
tras la ventana digital que firme sujetas.
Tu silueta, siempre dispuesta a la captura,
se encubre tras una vitrina de vanidad
retocada por manos audaces, invisibles.
El espejismo virtual en que tu sonrisa asoma
disfraza la luz, la sombra, lo real.
Atrévete a mostrarte, le digo, al reflejo
que pervive en tu pantalla, el que no te pertenece,
ese que huye de la imperfección,
donde las sombras y los defectos se desvanecen
bajo una falsa coreografía en que cada mirada
es una pose artificial, un aplauso puesto en espera.
Solo nosotros sabemos que bajo los pliegues invisibles
de tu yo más pasajero un filtro de verdad se escapa,
como al caer la noche, en la oscuridad,
donde tu reflejo no es el mismo.
Tus finos labios, tus diminutos ojos, tu aguileña nariz,
tu perfecta armonía de imperfección teñida
se derrumba como un castillo de naipes.
¿Y qué queda cuando todo se apaga?
Solo un silencio y una imagen que ya nadie mira.

FOTOGÉNICA

A través del cristal no distingo tu rostro.
Tu pelo ondea en la marea de la niebla
sumergiendo tu rostro deforme
sobre el círculo mágico en que ahora vives.
Tú, que eres rostro solamente.
Te observo e intento encontrar tu boca, tus gestos, tu mirada.
A través del cristal no te recuerdo.
Y... ahora sí,
graduando el objetivo, vuelve la realidad
y la magia de tu rostro queda impresa
en el papel de mi memoria.

CRUEL REFLEJO

Más allá del inmenso azul de las nubes
        mi mundo
intentando jugar a la vida
        se halla.
Te observa con ojos desconfiados,
        mas
        su visión es fugaz;
oculta tras un velo fantástico
refleja un taimado paraíso
sumido en el más ensordecedor
        silencio
        soñado.

                        Muerte.
Oscuridad eterna,
        abalanzándote
        sobre nosotros vives.
Tu jaula
        no es un sueño, sino un abismo del futuro,
atisbo del cruel devenir.

                        Guerra.
Llanto eterno
        hasta la saciedad consumado,
cruel reptil que avanzas
        por recónditos lugares.
Lujo y vicio pervertidos,
garras que te hunden
        en el fango de la miseria humana
mientras creces, avanzas...

                        Hambre.

Amarga soledad
      se recrea en el mundo
y tú, apartada,
        observas y sobrevives.
        Poesía.
Silencio, oscuridad y llanto
        te cercan.
                        Dolor.

VISIÓN SOBRE EL MUNDO
(MEDITERRÁNEO)

Ah, oscuro cielo,
luz opaca en la noche sin luna
reflejando pensamientos
en la destrucción de la vida,
en la creación del amor.
La imaginación dormida.
Los pensamientos escondidos
tras tu sombra vuelven
el reflejo de un mágico mundo
espía de la inocente humanidad.
¿Acaso tu voz estremece
las entrañas del universo?
Jamás tu sollozo
fue cuna de dioses;
tu respiro,
nunca hollado por la humanidad,
hermoso paraje impío, desnudo,
se alza bravío, austero,
sobre tu sombra;
y tú, oscuro cielo,
ladrón de versos y pensamientos,
te revuelves contra ti mismo
amenazando en loca furia
a quien tanto te ama,
¿el hombre?

Tú sabes la respuesta que,
tras las estrellas oculta,
cambia a cada instante,
mientras te iluminan y desapareces
en la nada para volver a tu mundo,
paraíso de la realidad soñada,
ilusión de la palabra.
Rompiendo la noche viajamos
mientras el tiempo se desvanece
y, traspasando la muerte,
caemos al más profundo precipicio
y el sueño desaparece.
Un día quizás entienda
que al despertar sienta
ese vago rumor salado
y la espuma sobre mi cuerpo
que cansado reposa en la orilla
de una playa cualquiera.
Atrás dejo mi origen, mi lengua
y las pisadas en la arena
como huellas hundidas
de un pasado en otro estado
de promesa oscura
e incierto y esperanzador
futuro.

En la búsqueda

A Pablo Neruda

Las lágrimas de mi tormento
se vierten sobre la tinta
en esta noche sin fin.
Tan real como este mundo de papel
es la lluvia que inunda el camino
y me niega el paso
a la puerta de entrada a tu vida.
Ahora soy un mendigo que suplica cobijo
en el frío de la oscuridad eterna.
Quisiera dominar el tiempo y
que mi lamento borrase la distancia
del tormento y la ira
para poder cerrar ese libro,
abierto ya por costumbre,
donde la mirada se posa
al borde de las letras
en un inquietante comienzo:
«Puedo escribir los versos más tristes esta noche».

A Juan Salvador Gaviota

Silencio. Jamás hollado por el hombre.
Visión. La sombra fugaz de tu paso.
Tu vuelo, libertad.
Tu canto, futuro.
Roto el claustro del tiempo,
abierto el eslabón perdido,
renace el sentido de la vida.
En majestuoso trono te elevas
de intrépido y lejano destino.
El extinto abismo que remontas
alza sus manos para encontrar tu cielo.
La belleza y la voz del hombre,
caminos hacia la libertad.
Tu infinito, silencio.

Tu recuerdo impreso

No me gustan las fotografías,
son un recuerdo vago de momentos felices,
pienso mientras miro tu rostro de papel.
Pero el recuerdo es la única verdad,
en el presente cabe la mentira.
¿Qué es amar
sino un verbo olvidado en la memoria
de una mente atormentada?
Desde antaño tu nombre evoca poesía...
Podría ser un comienzo para un poema.
Los versos qué son sino un juego de palabras
en que la mayor mentira es su propia verdad.
La idea existe y pervive en la mente del poeta,
y su verdad no se basa en lo que escribe,
sino en su propio ser, su existencia ¿es eterna acaso?
Podría parar el tiempo en la mente
y detenerme en la contemplación de mi engaño;
abrazar el sueño que me acoge
en tu rostro sintético, sin expresión,
¿sabría descubrir tu mirada, el porqué de este momento?
La distancia muere en manos del amor.
Es difícil sentirse vivo en el transcurso
por esta etapa en que sobrevivir es el milagro
de esquivar el deseo de no existir.
La magia queda sumida al encanto de la felicidad
contemplada a través de espejismos y laberintos
de humo y polvo.
Agrio destino que nos depara la ciencia.
El caos estriba en la inmanente humanidad.

Arte inerte, despierto en las fauces divinas,
puente ideal de la materia, creador imaginario
de los sueños más fantásticos atrapados
en el interior de nuestra gran jaula.
El símbolo del génesis se encierra en ti, arte.
Como Apolo renaces de la belleza serena en que
el hombre abandona sus sentidos limitadores.
La creación no cede ante la muerte.
Verdad: vida difunta, exordio de la finitud,
cruel anonimato de la desesperación,
terror del sentimiento,
fluctuación de la sensibilidad, vaga esperanza,
negro horizonte que cruza lentamente
por los ásperos senderos
del abismo infinito: poesía.
Verdad incomprensible por la cual amamos,
egoizamos nuestra propia certeza.
Mundo nuevo y aparte en cada palabra;
motor de sensaciones y sentimientos;
numen de iconos verosímiles
de una realidad que no es tal y de una ilusión
que no existe, que envuelve al poeta
en un mundo de cristal que rueda, rueda, rueda...
hasta romperse en mil fragmentos.
Palabras que encierran misterios inalcanzables
entre la fantasía y la realidad,
¿perviven mundos insospechados?
Nada,
ilusión de vida atrapada
por enormes laberintos infinitos de incomprensión
e irracionalidad oculta en oscuras mentes.

El final se excede hacia el vuelo de la imaginación
en momentos abatidos por la inspiración.
Tan solo el pensamiento de la creación
estremece mis entrañas.
Juego de palabras en que nada acaba,
todo permanece, incluso la vida.
Un poema inacabado...

Toro lorquiano sobre albero dorado

Mito de músculo tenso; ancestral espectro que emerge
desde el fondo de los siglos; bestia que embiste
con la sangre del sol en su frente de clavadas lanzas,
de lanzados clavos, a lo más profundo de su lomo.
En la pradera crece libre, hollando la tierra,
desafiando al cielo con la memoria
del pueblo en las entrañas de un rito
que no entiende de modernidad ni ideologías,
de voces que se ahogan tras pantallas vacías.
                    Entra el toro, ruge la plaza.
Y no hay ciudad presente donde la ironía quepa,
solo arena, expectación, lujuria,
y un estremecimiento antiguo,
y gritos contenidos de valerosas damas.
El torero, que brilla al sol de la plaza,
que no es héroe ni verdugo,
tan solo un hombre que tiembla y decide,
que ha aprendido a danzar con la muerte
sin dejar de mirarla fijamente a los ojos,
de frente, junto a las grandes pupilas
que el toro muestra, sentencia, ejecuta
donde el arte presente muere en el filo
irracional, irrepetible, inescrutable,
de cada muleta donde nace el poema,
de cada pase, pregunta sin respuesta
escrita con lágrimas y respiración ahogada
mientras capea de nuevo y al público asombra.
                    Entra el toro, ruge la plaza.

En su pecho, el rumor de la duda habita
y la voz de un niño en alto resuena, descubre al animal
y en su inocencia su mirada se cruza con la del diestro;
torero, niño y toro se baten en silencio pausado;
los aplausos, las miradas detenidas,
y el público que mudo calla en un manifiesto doloso
repleto de contradicciones, hastío de ausencia de estoque.
En las gradas convive el anciano que creció
entre toros y canciones, entre coplas y banderillas.
En los pasillos se cruza el joven que no comparte
la tradición, la traición y la muerte.
Y el toro que cae herido, que no muere, que trasciende
en los lienzos, en los poemas, en los sueños,
pesadillas de un torero atormentado
por discursos encendidos, por amenazas veladas
de quienes claman venganza, de quien exige respeto.
El toro es símbolo, frontera, desafío, pregunta abierta
de una historia no resuelta en la arena;
de un país en búsqueda de su identidad,
que no resuelve, que no encuentra
en los ojos de un animal que embiste,
en el arte del toreo, maldito, sublime,
que divide, que entiende, que siente con el alma.
Y el toro herido brama hasta ahogar el rugido de la plaza.

Poemario inicial (1985)

Cuaderno de adolescencia

Sigo rebuscando en el pequeño desván
donde tantas veces tropecé con mis recuerdos.
No puedo dejar de mirar aquel viejo triciclo,
                              de emular a los viejos campeones,
y aquel libro junto al sillón
donde tantas veces reunidos acababan con los fantasmas.
Y bajo el polvo, tu fotografía, la mía,
no sé si aún recuerdas cuando tú y yo
                              aún no éramos adultos.
Tú, con esa coleta rebelde, siempre afrentando al viento.
Yo, con mis vaqueros siempre largos, desgastados y raídos.
Sabíamos que aún teníamos tiempo para crecer,
pero preferíamos aquel maravilloso modo de vivir.
Nos encerrábamos en los lugares más tontos,
                              más ocultos,
escondiendo nuestro secreto, jugando a no hablar, a mirarnos,
a descubrir nuevos paisajes, fantasías desconocidas;
éramos conscientes de un largo camino por recorrer.
En aquellos juegos infantiles
reflejábamos nuestras ilusiones
                              de una forma de vida alejada,
                              un tanto perdida, distinta.
En el sueño incrédulo e inconsciente de nuestras sonrisas.

Cuando tú y yo aún no éramos adultos,
quizá todo era de otra forma
y juntos, recuerdas, corríamos lentamente
y nos dejábamos caer en la blanda hierba
que acogía nuestros cuerpos estirados

mirando al cielo,
al sol, al anochecer.
Cerrando lentamente los párpados,
sin hablar,
inmutables.
Y tú me tendías la mano
que yo rechazaba con estupor,
con esa escondida vergüenza,
con ese frágil miedo
de la adolescencia prematura.
Ya el campo estaba verde, o rojo,
luego volvíamos a nuestras casas,
no demasiado alejadas,
aunque sí de nuestro pensamiento,
que viajaba,
que corría,
que llegaba,
que era cierto.
Cuanto tú y yo aún no éramos adultos
esperábamos el ocaso del tiempo
que reflejábamos en nuestros añorados fines de semana,
tú, con tus pantalones anchos azules
o con los de cuadros blancos y negros.
Yo, con aquellos de pana verde,
siempre mi color preferido hasta cumplir los veinte.
Vivíamos ajenos a la realidad cotidiana,
alejados,
encerrados.
Veíamos transcurrir las edades doradas, o negras,
dedicándoles nuestra indiferencia.
Comenzamos por creer en Cenicienta, en Blancanieves,
en Caperucita,
sin saber que el lobo aguardaba cercano,

escondido a nuestras miradas;
nos iniciamos con Lorca, Machado, Marx,
sin entender apenas de su existencia,
                    sin comprender
aquellas palabras de Hernández, de Celaya,
que nos hablaban de una España,
                    de una lucha,
y ¿qué importaba todo cuando tú me mirabas?,
cuando bajabas la vista y el cabello te cubría el rostro
como un velo transparente, desdibujando tus rasgos,
y siempre aquella sonrisa..., tu sonrisa.
Entonces,
¿qué importaba si en Hiroshima seguían muriendo los muertos,
                    si una congregación religioso-militar sucumbía,
                    si aumentaba su olor a podrido la bolsa americana,
                    si un régimen de libertad aletargado dormía?
Entonces,
¿qué importaba si mirábamos al cielo y las estrellas no caían fugaces?

Poco a poco íbamos rechazando aquello que no nos gustaba
cuando tú y yo aún no éramos adultos,
cuando nacían nuestros primeros versos.
Luego vinieron...
y después los días más largos y tristes
en que todo comenzaba sin terminar
y finalizaba sin haber empezado.
Las mañanas y las tardes se confundían al anochecer,
difuminando aquello que nos acontecía a su través,
 convirtiéndolo en polvo,
                    en ceniza,
                    en nada.
No mirábamos adelante por no encontrar el vacío.
Ni nos preguntábamos.

A nuestro alcance no estaban las respuestas.
Esa sensación de impotencia ante lo absurdo
y esa otra, de cómico ante lo trágico,
que nos diferenciaba del resto
de mutantes y parásitos.
En mi pensamiento la duda
de que todo fuese efímero, pasajero.
No era tan fácil trocar la felicidad
                    estando a tu lado,
y, a veces, no siendo más que tu sombra
                    presente.
Paseando por tu vida;
intentando conocer el camino
                    sin descubrir nuevos senderos;
pendientes de la madurez como algo alejado, sin añoranza,
pensamos
                    en olvidar cumpleaños,
                    en no pasar las hojas de los libros,
                    en no dejar consumir la llama
de esa vela eterna llamada niñez.
Aquella infancia despoblada de ángeles guardianes,
de temerosos demonios,
anduvo envuelta en innumerables fantasías.
Insólitas aventuras poblaban mi mente
recorriendo mundos nuevos, maravillosos;
descubriendo lentamente la desvirtuada realidad,
tan lejana de la imaginación, crecía en mí
un sueño nuevo, distinto.
El conocimiento de la vida se enredaba
en laberintos diversos, poblando
los más recónditos pasajes
                    en un día cualquiera
                    de un frío mes de enero.

A mi nacimiento no acudieron los tres Reyes Magos,
y, entre luces y penumbras,
un lloro amargo inundó la estancia,
                        una pequeña vida
                        envuelta entre sintéticos paños.
Ahora,
 ya suenan las últimas notas
y el tiempo
acaba convertido en ceniza,
¿recuerdas?
Recuerdas que alrededor de nuestros paseos
intentábamos recomponer cada momento vivido,
                        o soñado,
como el viejo gramófono,
sílaba tras sílaba,
sonando lentamente,
volviendo siempre a su lugar de orden mutable,
cuando rompíamos el presente,
                        escuchado,
                        olvidado,
                        perdurable.
Descongelábamos así el tiempo,
confesando nuestro pensamiento
más allá de las palabras,
                        de lo esperado,
                        de lo nombrado.

Pasábamos a narrar los sentimientos
y aquello tan difuso, tan guardado,
que nos mantenía unidos
en el presentimiento de falsas profecías
que hablaban de un mundo perfecto,
                        de un sueño inquietante.

Creo que ni tú ni yo éramos tan agnósticos
como nos confesábamos.
Quizás por desconocer su significado.
Amábamos los paisajes agónicos,
                    los pétalos de cada flor,
                    los cánticos confusos de la naturaleza.
Amábamos a Neruda, a Benedetti,
pero no creíamos en dioses eternos;
en nuestra impotencia, corríamos con Aute,
con Milanés, maestros y amigos, camaradas de tantos fracasos.
La voz de la vida se convertía en grito, en lamento, en llamada
a la que lentamente acudíamos,
allá por finales de los setenta,
cuando
                    andando por senderos paralelos
                    comenzaba nuestra adolescencia.
Ingresaste en un colegio nacional,
«el gobierno» lo llamaban por aquella época,
enseñanza mixta, raramente asumida
en la podredumbre de aquellas singulares mentes.
Eran los años de final de dictadura,
de aquel personaje cuyo retrato
yacía colgado en la parte superior de cada jaula,
vigilante de los discursos maestros,
adormecedores,
de aquellos ancianos, calvos y grasientos,
que se debatían entre el catolicismo asumido
y la incomprensión
hacia la vida que despierta
en las mentes infantiles
formadas por el pudor, el tabú.
¿Qué se podía hacer?, te preguntabas,
despacio e íntimamente,

cuestión innombrable ante el miedo del humillante castigo.
Era entonces cuando asomabas tu rostro al cristal cerrado,
pegabas tus labios, tu nariz,
y yo te miraba
apoyándome en la larga alambrada
que cercaba aquel pequeño
colegio
nacional
gobierno
añorado.

Cuaderno de juventud

Y pasaron los años, y llegaron los tiempos de aprendizaje,
de inolvidables amigos, de las cosas de por siempre,
de juramentos en grupo, de las eternas promesas,
de los primeros amores
                              y del sabor de tus labios.
Nos conocimos en aquel banco
que hoy se viste de colores,
tu mirada y mi torpeza,
mi silencio y tu rubor.
Viajábamos subidos en la cresta de la ola,
yo manejándola; tú, con el cabello suelto,
tu sonrisa sincera, apretabas tu pecho a mi espalda,
y el viento unía nuestros rostros de profunda fantasía,
de deseo, de promesas mutuas,
                              de besos robados.
Nos castigábamos a escribir cien veces al menos
un te quiero repetido, un yo más, un tú menos,
un nosotros tantas veces compartido.
Tras las eternas llamadas, tras las cabinas azules,
aguardábamos el momento, efímero, fugaz,
de una escapada furtiva, de un minuto de contacto,
de un abrazo interminable, de un largo beso
en un callejón estrecho
                              sin salida.

Mientras,
llegaron los celos, los encuentros distanciados,
el miedo arraigado, las excusas no creíbles,
la desconfianza enraizada,
y con ella la primera espuma,
el eco de las olas arrastradas a la orilla
empujando nuestras almas a un profundo desamor.

Juntos fuimos testigos de años de amor sincero,
entre miradas tímidas, en el umbral del tiempo,
como colegiales desinhibidos, vestidos de inocencia;
como si el amor descendiera ardiente, en silencio,
por primera vez, por descuido, resbalando por tu cuello,
acariciando tu cuerpo, abrazados por la música
que en esa época compartimos, que tantas veces danzamos.
Al recordar sus letras, tu presencia inevitable
llenaba la estancia, y de nuevo tu sonrisa,
junto a sueños, ilusiones, y temores infundados.
Y entre tímidas miradas, en el umbral del tiempo,
rozando tu mano, tus dedos, tus labios,
huyendo del destino,
tu mirada sincera traspasaba el presente,
presentía el futuro,
donde el misterio del mar,
perdida la inocencia y la promesa de amar muda,
guardaba el secreto de estrellas;
donde el primer amor no tiene sabor a final;
donde en todo momento
se siente uno especial para el otro.
Perdida la sorpresa inicial, la de los encuentros furtivos,
se filtraba la rutina por los más escondidos rincones,
entre encuentros con pasión y pasiones sin reencuentro,
donde el amor sincero aparecía desmembrado, roto,
y los besos sabían a ron, a ginebra, a chupito de amargura,
en las oscuras entrañas de amigos que dictan sentencias,
de juicios acompasados por mudos testigos al alba
que, como voces oscuras, ecos distorsionados,
creaban noticias falsas, difundían bulos como balas
quemando entrañas, esparciendo carroña,
                         rompiendo el querer del tiempo
en que el amor y la felicidad desbordaban el alma.

Pasaron los buenos momentos, los del roce consentido,
los de besos a escondidas, los de amor secreto.
Tu sonrisa giró el sentido y se tornó hierática,
las lágrimas ascendieron de tu boca a tus pupilas
y tu cabello largo se transformó en ríos de seda
desbordada sobre tus hombros, encogidos en señal errante.
Ni siquiera los lunares de tu rostro que adornaban tus mejillas
fueron capaces de reconocer la angustia de una llama
que fuerte nacía en tu vientre, en tu pelvis,
buscando lo desconocido, lo esperado, lo añorado.
                              Y nacieron mis primeros versos,
de los que bebías ansiosa, temerosa
de la contradicción que ardía en tu pecho
sofocada por tu mente, tus ideas, tu voz,
y la reivindicación de tus propios versos
ahogados en mi superficial ego, en mi dormida insensatez.
Llegó el día en que hubo que elegir,
yo apreté el botón azul y tú el rojo,
y vi cómo te alejabas desde mi cómodo mundo,
y vi cómo te perdías desde mi sillón sentado;
observaba y maldecía el despertar, el ansia,
el distorsionado reflejo que te mostraba
                         feliz, sonriente, libre, real.
Transité por un calvario de versos mudos
dedicados a un lector ausente, dormido,
de días sin crepúsculo y noches sin amanecer,
de sentimientos rotos y amores sin sentido,
en que las musas se volvían de espaldas
dejando ver sus cicatrices abiertas, y su rostro
se giraba hacia donde yacía desnudo,
ausente de amor y pleno de rabia
que ocultaba el resentimiento, la realidad con desdén,
                         con esa sensación extraña
                         de no haber querido entender nada.

Despegaba furioso las hojas del calendario
y las estaciones se sucedían raudas en un vuelco
del destino que un día debí frenar, asentar el presente
sin olvidar el pasado, lo vivido, lo aprendido.
El día en que dije basta, el tiovivo detuvo su giro
al tiempo que los relojes bailaban una macabra danza
donde los números variaban su posición y las agujas
giraban opuestas en su nervioso trotar
hasta dar horas repetidas, minutos congelados
entre mi pasado y tu presente, entre tu futuro y mi deseo.

Cuaderno de madurez

Surgió una chispa de esperanza bajo la burbuja
en que mi frágil mundo se sostenía.
La soledad comprendida y la ausencia impuesta
sustentaban parte de mi alma, de mi diario;
allí donde tu recuerdo aún se inscribía
comenzaron a morir la semilla de la ausencia y
a crecer las ramas del árbol del conocimiento,
de la sabiduría impuesta y la cruel sensatez.
La rabia se transformó en calma y la tormenta
cesó pausada, lenta y cabal, tornándose
                       renovada y serena esperanza.
Tomé el amor como un juego sucio,
una trampa de espejos rotos,
una promesa con la finalidad de romperse.
Creí que ya no habría música que no me recordara a ti.
Y, como la lluvia que llega sin anunciarse,
apareciste sin preguntar por el ayer,
que miraste con ternura, y sentada junto a mí,
contemplando entre los desechos,
comenzaste a erguir sueños de esperanza,
                 de algo nuevo, limpio, sin miedo.
Sin promesas, en silentes susurros de amor puro,
con la madurez que uno no espera
ante mi desnudez desprevenida,
llegó la quietud, la calma que florece en silencio,
un pensamiento que acaricia cómplice sin estruendo.
Como una luz fulgurante que nunca pidió permiso
se instaló sin hacer ruido, con palabras livianas
y mirada que no interroga, una mente despierta
que nunca presume de ser el sostén
                      de mis mundos.

Un amor que no exige, que transpira, que alumbra,
sin promesas desbordadas, ni abismos románticos.
Nunca vino a salvarme, ni mostró su necesidad
de que el amor puede construirse sin ruinas previas.
Su eterna sonrisa, su conversación inacabable,
silenciosa, inevitable, apropiándose de la roca
que un día consumió mi alma sin herirla de nuevo.
Ella entiende el lenguaje de las pausas,
ese secreto idioma donde nacen las verdades.
En su pensamiento un laberinto que recorro
sin miedo asido a su mano.
Juntos, asomados al abismo,
renombramos el presente y trazamos un futuro
donde el amor no es fuego, sino llama constante,
silenciosa, encendida sin complejos.
Ella, capaz de detener el tiempo,
fiaba su voluntad a los mundos compartidos;
a una ciega confianza de inventadas rutinas,
de cómodo idealismo, de mágica búsqueda
                              en un mundo idealizado
tras un desamor ausente que aún navegaba
profundo, pausado, latente, pasado.
Llegó el compromiso y tras él
París a medianoche, Notre Dame de día,
despierta viendo las manos entrelazadas
que escriben juntos en cada mirada, palabra,
sobre el futuro de una página en blanco.
Con la certeza de un deseo que vacila
mientras sus pasos pisan firme, decididos,
siempre adelante, buscando, encontrando,
el amor compartido en la mágica ciudad
                    de historias y de promesas.

Tras el primer verso pronunciado
la súplica de tu amor nombro escondida.
Ocurrió una noche en París,
sentada a la espera del retrato,
tu sonrisa, tu gélido cabello
de escarcha cubierto bajo el sombrero
negro, aterciopelado.
Una cena en Montmartre fue la culpable,
rodeados de figurantes, dispuestos para la escena,
que entre plato y plato danzaban, cantaban
al ritmo de la *chanson* de los noventa
mientras asombrados reíamos
nuestra feliz noche, nuestra mágica velada.
Bajo las entrañables farolas de una ciudad de luz,
recorrimos parques, románticas plazas,
monumentos ilustres y barrios atestados, vividos.
Y al llegar al hotel, tras el amor brindamos,
París de noche despierta mientras desnuda dormías,
y tu cuerpo, acariciado por el silencio,
de musa se disfrazaba, de comienzo de poema,
donde en el último verso
tu nombre desdibujado escribí:
Crisalba.

El telón de fondo de los momentos vividos
desciende en los deseos de estrellas fugaces
de silenciosa certeza, de promesas bajo las estrellas,
sin importar lo que el destino depare;
el refugio inmortal creado
será destino inquebrantable donde el alma
pueda hallar su serenidad infinita, su equilibrio constante.

Y, aunque el tiempo desgasta las grietas de las heridas,
nuestro amor bordea lo eterno, donde lo que importa
se vuelve imprescindible y lo efímero, lo casual,
capaz de olvidar al momento.
Ya el reloj de arena se sitúa inmóvil, pausado,
a la espera de un día nuevo, de un mundo sereno,
de silencio intemporal y un transitar constante,
como una sinfonía interior donde las palabras,
los versos, los poemas nazcan en blanco,
como *tabula rasa,* dispuestos a ser reescritos.

ÍNDICE